Impressum
Verlag: BABADADA GmbH, Nedderfeld 112 , 22529 Hamburg
Geschäftsführer / Verlagsleitung: Harald Hof
Druck: Books on Demand GmbH, In de ⁻arpen 42, 22848 Norderstedt

Imprint
Publisher: BABADADA GmbH, Nedderfeld 112 , 22529 Hamburg, Germany
Managing Director / Publishing direction: Harald Hof
Print: Books on Demand GmbH, In de Tarpen 42, 22848 Norderstedt

sekolo
koulu

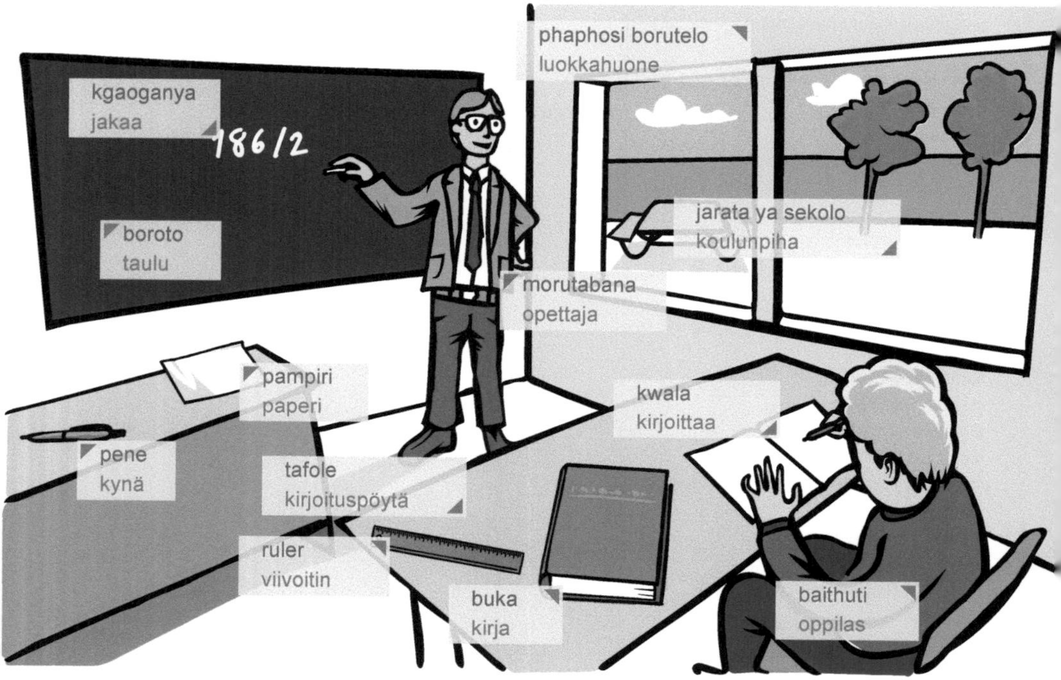

phaphosi borutelo
luokkahuone
kgaoganya
jakaa
186/2
boroto
taulu
jarata ya sekolo
koulunpiha
morutabana
opettaja
pampiri
paperi
kwala
kirjoittaa
pene
kynä
tafole
kirjoituspöytä
ruler
viivoitin
buka
kirja
baithuti
oppilas

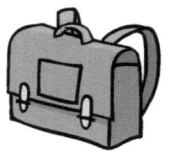

kgetsana ya dibuka

reppu

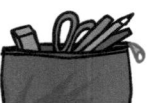

setsenya dipensele

penaali

pensele

lyijykynä

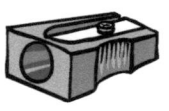

seseta pensele

kynänteroitin

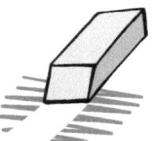

sephimola

pyyhekumi

boto ya go torowa

piirustuslehtiö

torowa

piirustus

boratšhe jwa pente

pensseli

bokose ya pente

vesivärit

dikere

sakset

sekgomaretsi

liima

buka ya go kwalela

harjoituskirja

tirogae

kotitehtävä

palo

luku

tlhakanya

lisätä

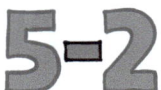

kgaoganya

vähentää

atisa

kertoa

khalkhuleitara

laskea

lekwalo

kirjain

alfabete

aakkoset

lefoko

sana

mafoko

teksti

bala

lukea

choko

liitu

thuto

oppitunti

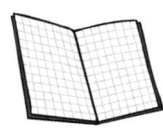

rejistara

opettajan muistikirja

tlhatlhobo

koe

setifikeiti

todistus

diaparo tsa sekolo

koulupuku

thuto

koulutus

encyclopedia

sanakirja

unibesithi

yliopisto

mikoroskoupo

mikroskooppi

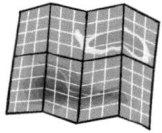

mmepe

kartta

moteme wa dipampiri

roskakori

eta
matka

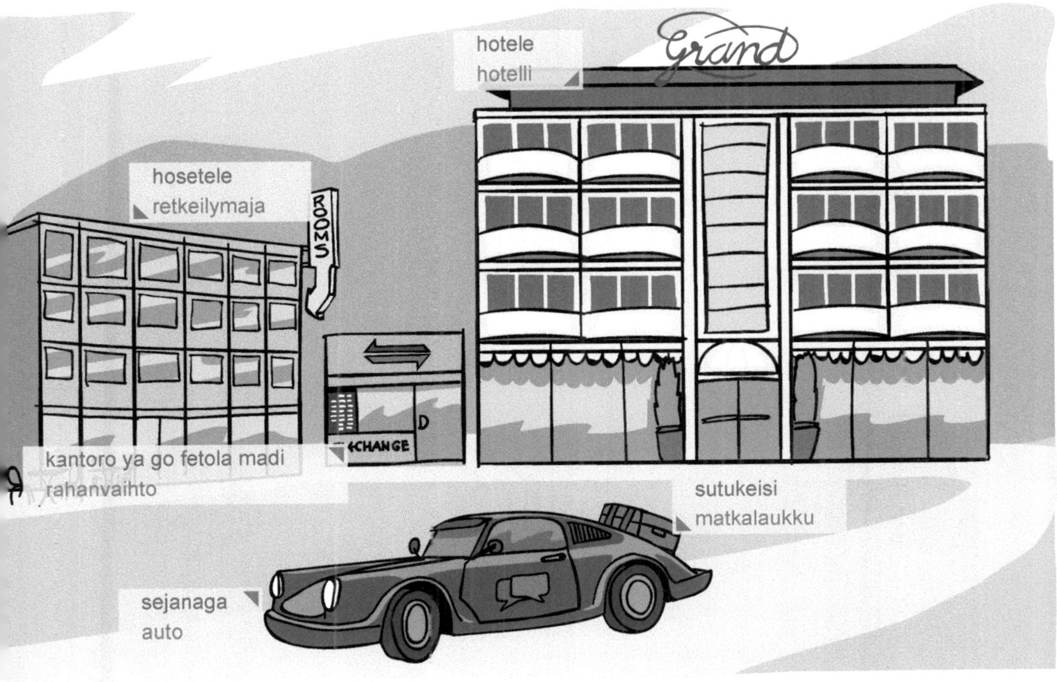
hotele
hotelli
Grand
hosetele
retkeilymaja
ROOMS
kantoro ya go fetola madi
rahanvaihto
sutukeisi
matkalaukku
sejanaga
auto

puo

kieli

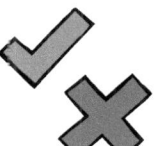

ee / nnyaa

kyllä / ei

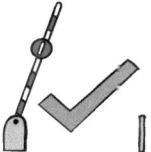

Go siame

selvä

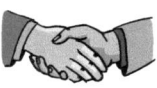

dumela

hei

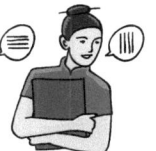

moranodi

tulkki

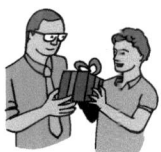

Ke a leboga

kiitos

ke bokae…?

Paljonko...maksaa?

ga ke tlhaloganye

en ymmärrä

bothata

ongelma

O itumelele bosigo!

Hyvää iltaa!

Dumela!

Hyvää huomenta!

Robala Sentle!

Hyvää yötä!

tsamaya sentle

näkemiin

tsela

suunta

dithoto

matkatavarat

kgetsi

laukku

kgetsi

reppu

moeng

vieras

phaposi

huone

kgetsana ya go robalela

makuupussi

mogope

teltta

shedimosetso ya mojanala

turisti-info

lewatle

ranta

karata ya go tsaya sekoloto

luottokortti

sefitlholo

aamupala

dijo tsa motshegare

lounas

dijo tsa maitsiboa

päivällinen

tekete

matkalippu

lifiti

hissi

setempe

postimerkki

bodara

raja

dingwao

tulli

embassy

suurlähetystö

visa

viisumi

lokwalo itshupo

passi

sepalangwa
kuljetus

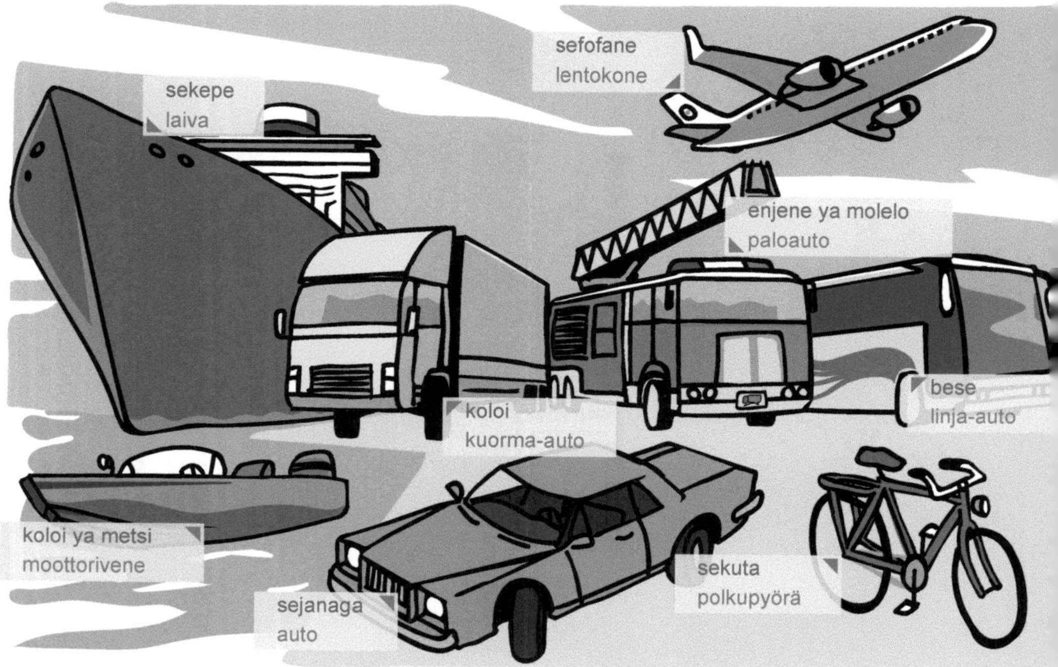

sefofane
lentokone
sekepe
laiva
enjene ya molelo
paloauto
bese
linja-auto
koloi
kuorma-auto
koloi ya metsi
moottorivene
sekuta
polkupyörä
sejanaga
auto

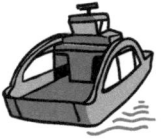

feri
lautta

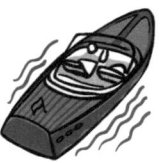

sekepe
vene

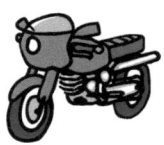

sethuthuthu
moottoripyörä

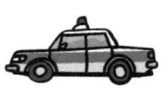

sejanaga sa mapodisa
poliisiauto

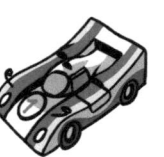

sejanaga sa lobelo
kilpa-auto

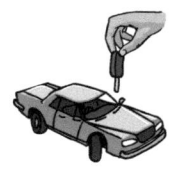

sejanaga se se hirilweng
vuokra-auto

aroganya sejanaga

car sharing

hinausauto

koloi e e gogang dikoloi tse di robegileng

hinausauto

koloi e e tsayang mat'akala

roska-auto

koloi

moottori

lookwane

polttoaine

seteišhene sa lookwane

huoltoasema

letshwao la pharakano

liikennemerkki

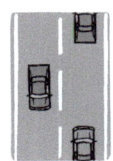

pharakano

liikenne

pharakano

ruuhka

lefelo la go emisa koloi

parkkipaikka

seteišhene sa terena

rautatieasema

mela

raiteet

terena

juna

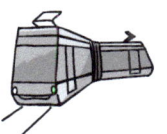

tereme

raitiovaunu

kolotsana

vaunu

sefofane

helikopteri

boemeladifofane

lentokenttä

tora

lähilennonjohto

mopalami

matkustaja

sekhafothini

kontti

bokoso

pahvilaatikko

karaki

kärryt

basekete

kori

go tsamaya / go fitlha

nousta / laskea

toropo
kaupunki

motse

kylä

legare la teropo

keskusta

ntlo

talo

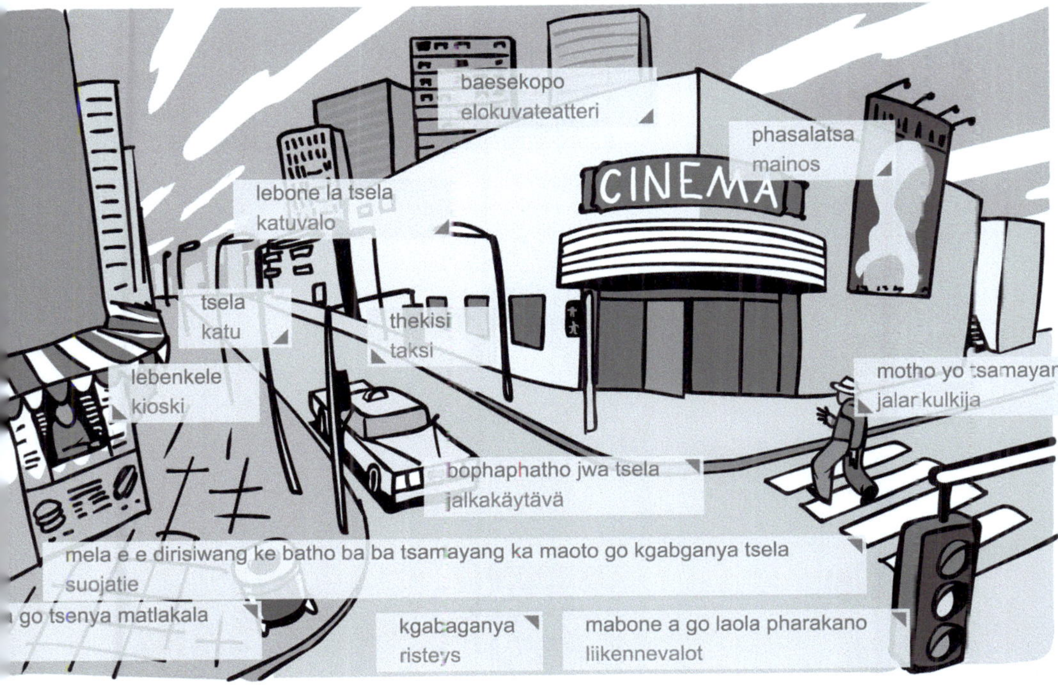

baesekopo
elokuvateatteri

phasalatsa
mainos

lebone la tsela
katuvalo

CINEMA

tsela
katu

thekisi
taksi

lebenkele
kioski

motho yo tsamayan
jalar kulkija

bophaphatho jwa tsela
jalkakäytävä

mela e e dirisiwang ke batho ba ba tsamayang ka maoto go kgabganya tsela
suojatie

go tsenya matlakala

kgabaganya
risteys

mabone a go laola pharakano
liikennevalot

ntlo e e ruletseng ka bojang

....
mökki

sephara
....
kerrostalo

seteišhene sa terena
....
rautatieasema

ntlolehalahala la toropo
....
kaupungintalo

museamo
....
museo

sekolo
....
koulu

unibesithi

yliopisto

banka

pankki

sepetlele

sairaala

hotele

hotelli

lefelo la melemo

apteekki

kantoro

toimisto

lebenkele la dibuka

kirjakauppa

lebenkele

liike

batho ba ba rekisang malomo

kukkakauppa

lebenkele

supermarketti

maraka

tori

lebenkele la diaparo

tavaratalo

fishmongers

kalakauppias

moago wa mabenkele a a mantsi

ostoskeskus

boema dikepe

satama

serapa

puisto

banka

penkki

borogo

silta

ditepisi

portaat

kwa tlase ga lefatshe

metro

kgogometso

tunneli

boemela bese

linja-autopysäkki

bara

baari

lefelo la go jela

ravintola

lebokose la pose

postilaatikko

letshwao la tsela

katukyltti

mitara wa go emisa koloi

parkkimittari

lefelo la go bonela
diphologolo

eläintarha

letloci la go thuma

uimala

tempele ya mamoselema

moskeija

polase
maatila

kgotlelelo
ympäristön saastuminen

mabitla
hautausmaa

kereke
kirkko

lefelo la go tshamekela
leikkikenttä

temple
temppeli

boago jwa lefelo

maisema

setlhatsana
lehti

matshwao
tienviitta

tsela
tie

ditlhaga
niitty

letlapa
kivi

motho yo o tsamayang mo thabeng
retkeilijä

setlhare
puu

noka
joki

bojang
ruoho

lelomo
kukka

mokgatša

laakso

thatshana

vuori

lekadiba

järvi

sekgwa

metsä

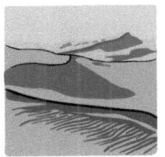

sekaka

aavikko

lekgwamolelo

tulivuori

khasele

linna

motshe wa badimo

sateenkaari

leboa

sieni

mokolana

palmu

montsane

hyttynen

tshenekegi

kärpänen

tshoswane

muurahainen

notshi

mehiläinen

segokgo

hämähäkki

khukhwana

kovakuoriainen

segwagwa

sammakko

mosha

orava

noko

siili

mmutla

jänis

morubisi

pöllö

nonyane

lintu

pidipidi

joutsen

dikolobe tsa naga

villisika

kgokong

peura

moose

hirvi

letamo

pato

sefetlhaphefo

tuulimylly

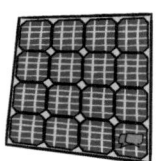

motlakase o o dirilweng ka letsatsi

aurinkopaneeli

loapi

ilmasto

weitara
tarjoilija

lenaane la dijo
ruokalista

setulo
tuoli

sopo
keitto

pizza
pitsa

dintsho
ruokailuvälineet

fatuku ya tafole
pöytäliina

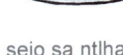

sejo sa ntlha

alkuruoka

sejo sa bobedi

pääruoka

dijo tse di naleng sukiri

jälkiruoka

dino

juomat

dijo

ruoka

botlolo

pullo

dijo tsa mo strateng

pikaruoka

dijo tsa seterata

katuruoka

ketlele ya tee

teekannu

sejana sa go tsenya sukiri

sokeriastia

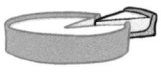

karolo

annos

motšhini wa espresso

espressokeitin

setulo se se kwa godimo

syöttötuoli

tshupamolato

lasku

terei

tarjotin

thipa

veitsi

forotlho

haarukka

liso

lusikka

leswana

teelusikka

lesela la go iphimola

servietti

galase

lasi

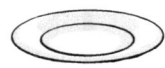

poleiti
lautanen

poleiti ya sopo
syvä lautanen

sosara
aluslautanen

sopo
kastike

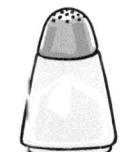

sejana sa letswai
suolasirotin

sesila pepere
pippurimylly

aseini
etikka

oli
öljy

ditswaiso
mausteet

tamati souso
ketsuppi

masetete
sinappi

mayonaese
majoneesi

lebenkele
supermarketti

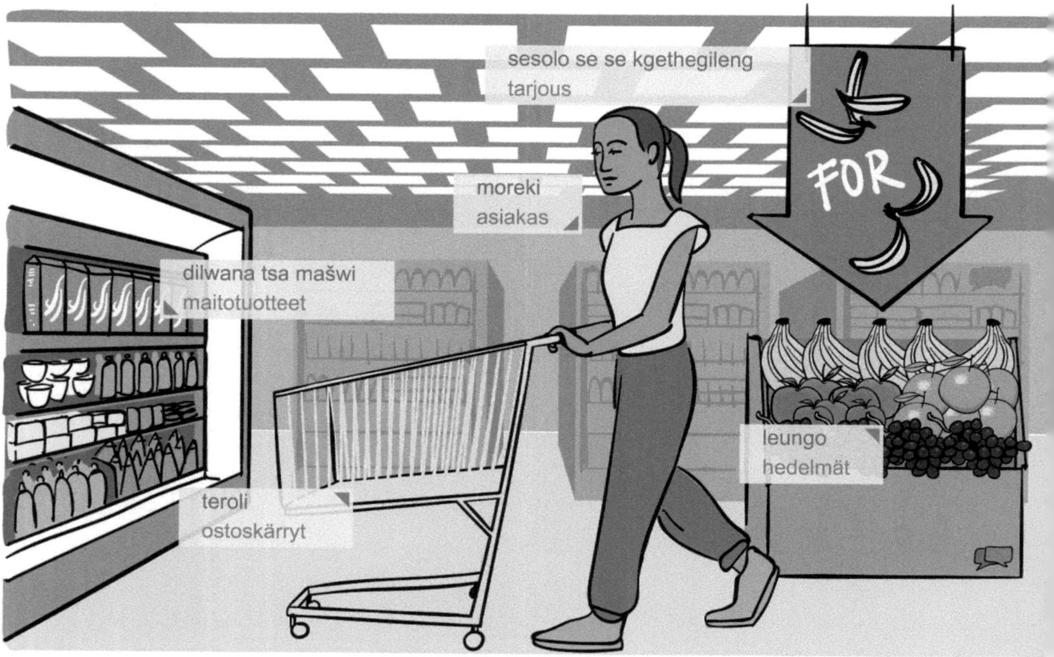
sesolo se se kgethegileng
tarjous
FOR
moreki
asiakas
dilwana tsa mašwi
maitotuotteet
leungo
hedelmät
teroli
ostoskärryt

BUTCHERS

batho ba ba segang nama

teurastamo

BAKERY

babaki

leipomo

boima

punnita

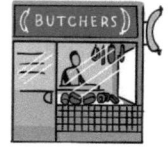

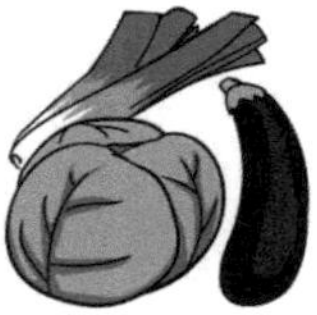

merogo

kasvikset

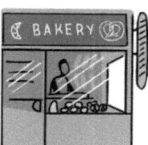

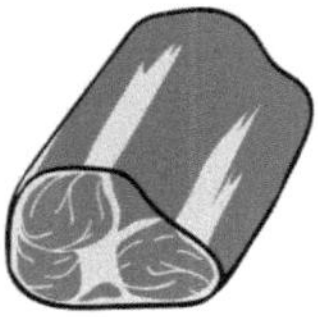

nama

liha

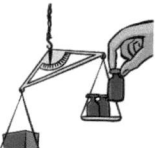

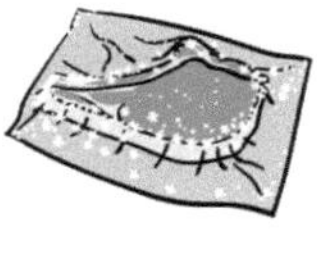

dijo tse di aesitsweng

pakasteet

nama e e sa tlhokeng go apewa
....
leikkele

dijo tsa thini
....
säilykkeet

molora o o tlhatswang
....
pesujauhe

dimonamone
....
makeiset

dilwana tsa ntlo
....
kotitaloustarvikkeet

dilwana tsa go phepafatsa
....
puhdistusaineet

morekisi
....
myyjä

motšhini wa madi
....
kassa

morekisi
....
kassanhoitaja

lennane la go reka
....
ostoslista

diura tsa go bula
....
aukioloajat

sepatšhe
....
lompakko

karata ya go tsaya sekoloto
....
luottokortti

kgetsi
....
kassi

kgetsi ya polasetiki
....
muovipussi

metsi

vesi

jusi

mehu

mašwi

maito

khouku

kokis

beine

viini

biri

olut

bojalwa

alkoholi

khoukhou

kaakao

tee

tee

kofi

kahvi

esepereso

espresso

cappuccino

cappuccino

panana

banaani

apole

omena

namune

appelsiini

legapu

meloni

surunamune

sitruuna

segwete

porkkana

konofole

valkosipuli

lotlhaka lwa bampuse

bambu

eie

sipuli

mabowa

sieni

manoko

pähkinät

di-noodles

spagetti

sepagethi

spagetti

raese

riisi

salate

salaatti

ditšhipisi

ranskalaiset

ditapole tse di gadikilweng

paistetut perunat

pizza

pitsa

hamburger

hampurilainen

borotho jo bo tlapisitsweng

voileipä

nama e e gadikilweng

leike

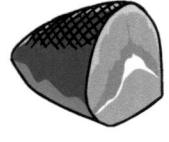

nama ya kolobe

kinkku

salami

salami

boroso

makkara

koko

kana

gadika

paisti

tlhapi

kala

boçobe jwa outse

kaurahiutaleet

muesli

mysli

cornflakes

murot

bupi

jauho

croissante

voisarvi

banse

sämpylä

borotho

leipä

borotho o bo besitsweng

paahtoleipä

bisikiti

keksit

botoro

voi

tšhisi

rahka

kuku

kakku

lee

kananmuna

lee le le gadikilweng

paistettu kananmuna

kase

juusto

dijo - ruoka

aesekirimi

jäätelö

sukiri

sokeri

jeme

hillo

chokolete e e tshasiwang

suklaapähkinälevite

mamepe a dinotshe

hunaja

khari

curry

polase
maatila

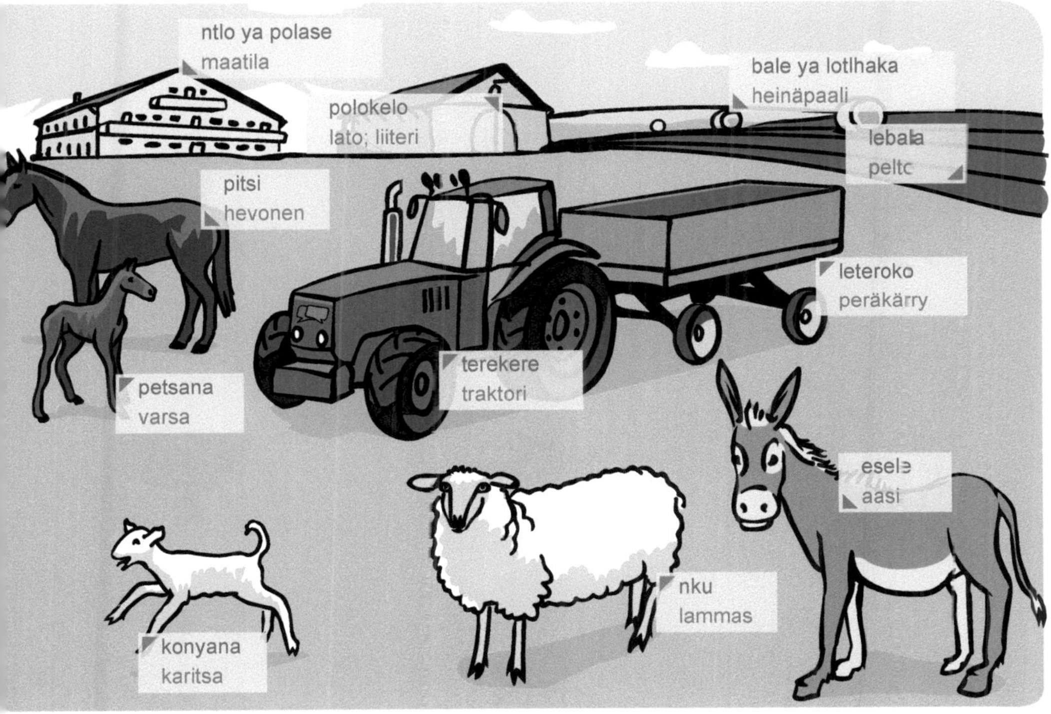
ntlo ya polase
maatila
polokelo
lato; liiteri
bale ya lotlhaka
heinäpaali
lebala
pelto
pitsi
hevonen
leteroko
peräkärry
terekere
traktori
petsana
varsa
esele
aasi
nku
lammas
konyana
karitsa

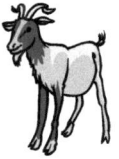

pudi

vuohi

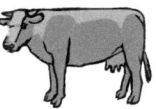

kgomo

lehmä

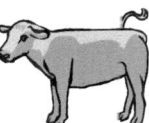

namane

vasikka

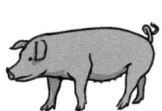

kolobe

sika

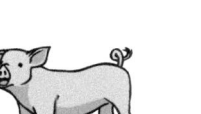

kolojane

porsas

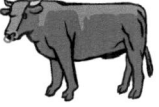

poo

sonni

ganse

hanhi

pidipidi

ankka

kokwanyana

tipu

mokoko

kana

mokoko

kukko

peba

rotta

katse

kissa

peba

hiiri

kgomo

härkä

ntša

koira

ntlo ya ntša

koirankoppi

lethompo la tshingwana

puutarhaletku

tanka ya go nosetsa

kastelukannu

disekele tsa tshipi

viikate

lema

aura

disekele
....
sirppi

setlhagola
....
kuokka

foroko ya go peta
....
talikko

selepe
....
kirves

kiribae
....
kottikärryt

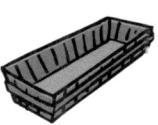

bonwelo
....
kaukalo

mašwi a a moteng ga
moteme
....
maitokannu

kgetsana
....
säkki

legora
....
aita

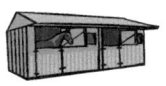

tsepame
....
talli

lefelo la go godisa dijalo
....
kasvihuone

mmu
....
maa

peo
....
siemen

menyoro
....
lannoite

thobo e e kopaneng
....
leikkuupuimuri

thobo

kerätä sato

thobo

sato

di-yam

jamssit

korong

vehnä

soya

soija

tapole

peruna

korong

maissi

disonobolomo

rypsi

setlhare sa maungo

hedelmäpuu

cassava

maniokki

dijo tsa phakela

vilja

sentshamosi
savupiippu

marulelo
katto

peipe ya deraine
sadevesikouru

lətlhabaphefo
ikkuna

karaje
autotalli

bele ya setswalo
ovikello

lebati
ovi

motene wa matlakala
roska-astia

lebokose la dikwalo
postilaatikko

tshingwana
puutarha

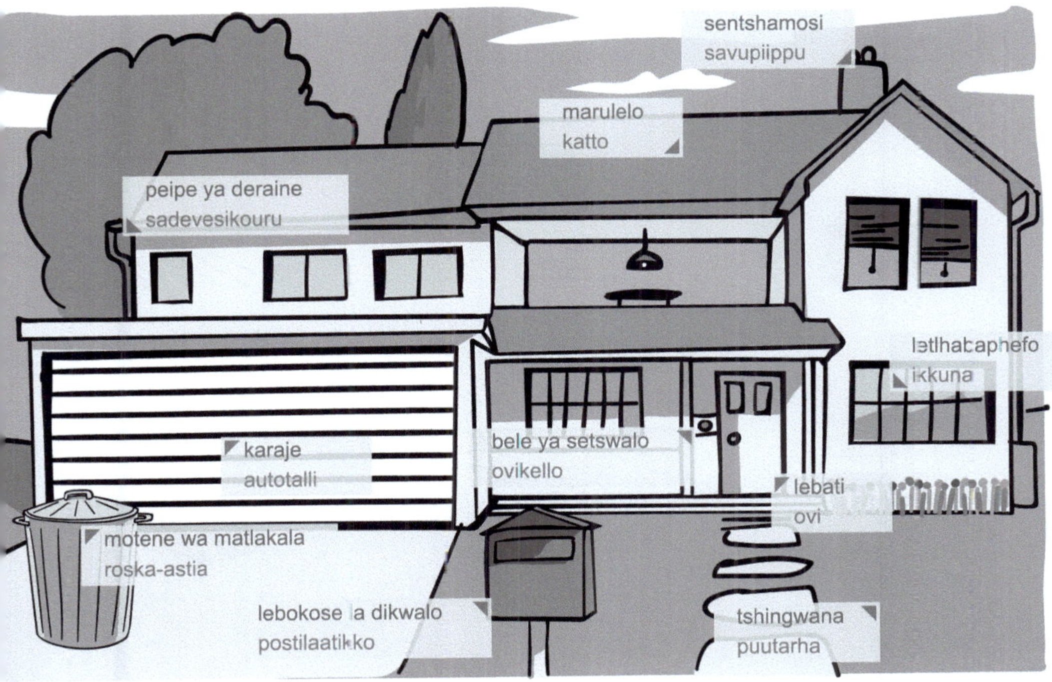

phaposi ya bodulo

olohuone

phaposi ya go tlhapela

kylpyhuone

boapeelo

keittiö

phaposi ya borobalo

makuuhuone

phaposi ya bana

lastenhuone

phaposi ya bojelo

ruokahuone

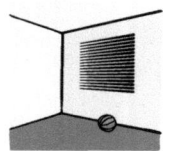

mo fatshe

lattia

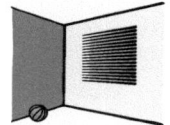

lebota

seinä

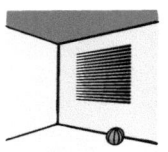

siling

katto

mabolokelo

kellari

se futhumatsa mmele

sauna

mokatako

parveke

mokgekolosa

terassi

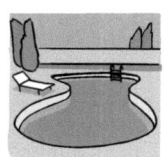

makadiba

uima-allas

sedirisiwa sa go sega
bojang

ruohonleikkuri

lakane

lakana

kobo

päiväpeitto

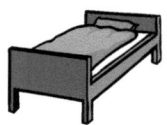

bolao

sänky

lefielo

harja

kgamelo

ämpäri

switch

katkaisin

phaposi ya bodulo

olohuone

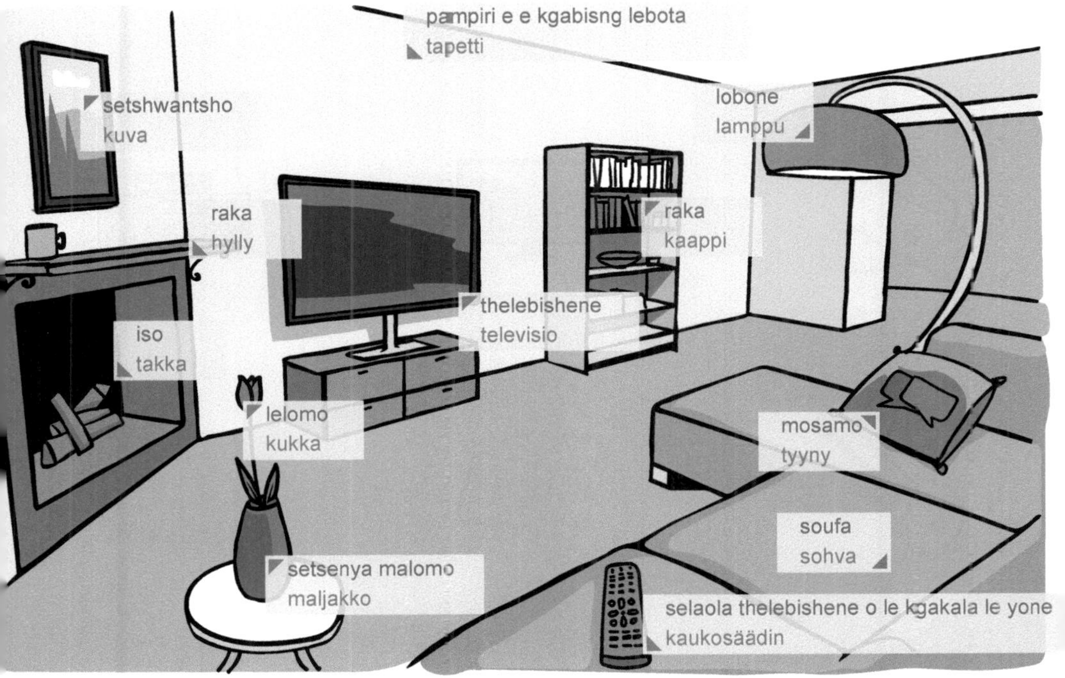

pampiri e e kgabisng lebota
tapetti
setshwantsho
kuva
lobone
lamppu
raka
hylly
raka
kaappi
thelebishene
televisio
iso
takka
lelomo
kukka
mosamo
tyyny
soufa
sohva
setsenya malomo
maljakko
selaola thelebishene o le kgakala le yone
kaukosäädin

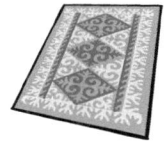

mmetshe

matto

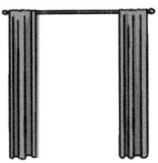

garetene

verho

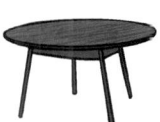

tafole

pöytä

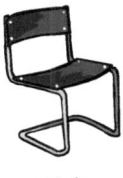

setulo

tuoli

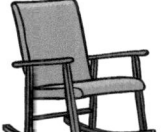

setulo se se binang

keinutuoli

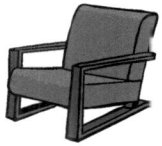

setulo se se naleng boikego

nojatuoli

buka

kirja

kobo

peitto

mokgabiso

koriste

dikgong tsa molelo

polttopuut

filimi

elokuva

hi-fi ya go letsa

stereot

selotlolo

avain

lokwalodikgang

sanomalehti

setshwantsho se se dirilweng ka pente

maalaus

pampiri ya go phasalatsa

juliste

seyalemowa

radio

buka ya dintla

muistivihko

huvara

pölynimuri

motoroko

kaktus

kerese

kynttilä

boapeelo
keittiö

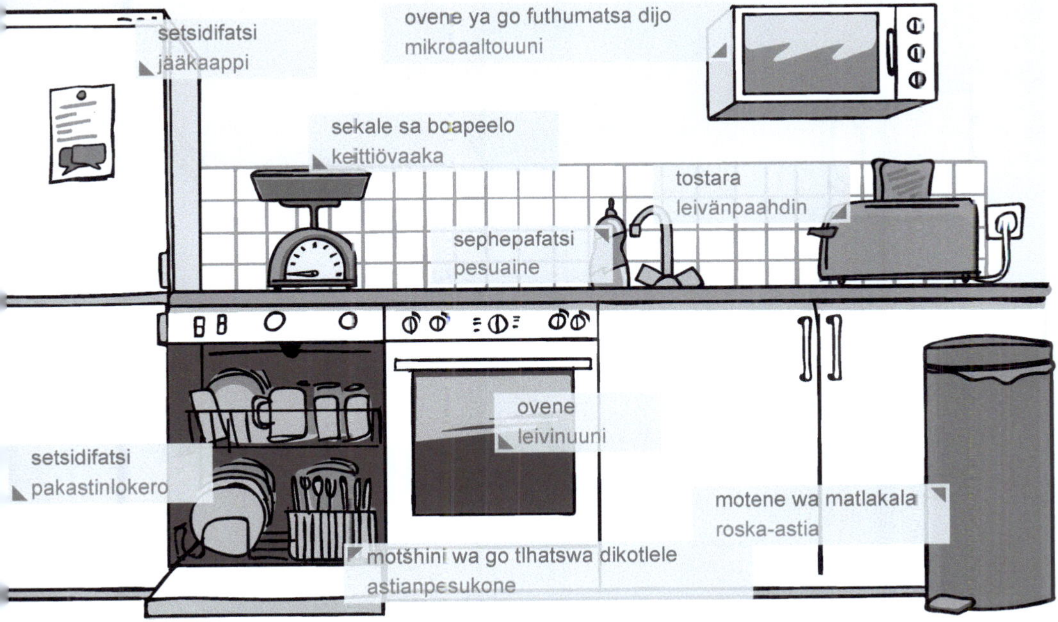
setsidifatsi
jääkaappi
ovene ya go futhumatsa dijo
mikroaaltouuni
sekale sa boapeelo
keittiövaaka
tostara
leivänpaahdin
sephepafatsi
pesuaine
ovene
leivinuuni
setsidifatsi
pakastinlokero
motene wa matlakala
roska-astia
motšhini wa go tlhatswa dikotlele
astianpesukone

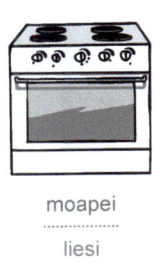

moapei
liesi

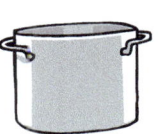

pitsa
kattila

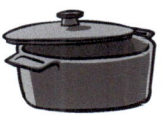

pitsa ya tship
rautapata

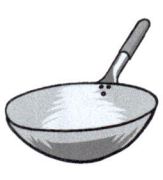

wok / kadai
vokkipannu / kadai-pannu

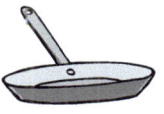

pane
paistinpannu

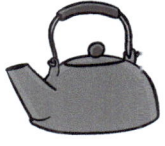

ketlele
teepannu

sefuthumatsi

höyrykeitin

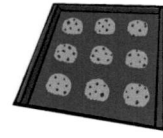

terei ya go baka

uunipelti

dintsho

astiat

kopi

muki

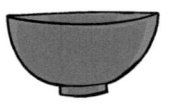

sejana

kulho

thobane ya go rema

syömäpuikot

thoka

kauha

sepatšhula

paistinlasta

wiskara

vispilä

setereinara

siivilä

setlhotlhi

siivilä

greitara

raastin

kika

mortteli

nama ya kgomo

grilli

molelo o o mopepeneneg

avotuli

boroto ya go segela

leikkuulauta

rolara

kaulin

sebula dibotlolo tsa beine

korkinavaaja

moteme

purkki

sebula moteme

purkinavaaja

setshwari sa pitsa

pannulappu

sinki

lavuaari

boratšhe

tiskiharja

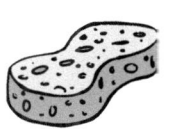

sepontšhe

pesusieni

setlhakanya dijo / maungo

tehosekoitin

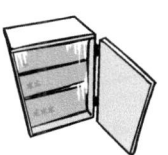

setsidifatsi

pakastin

botlole ya ngwana

tuttipullo

tepe

vesihana

phaposi ya go tlhapela
kylpyhuone

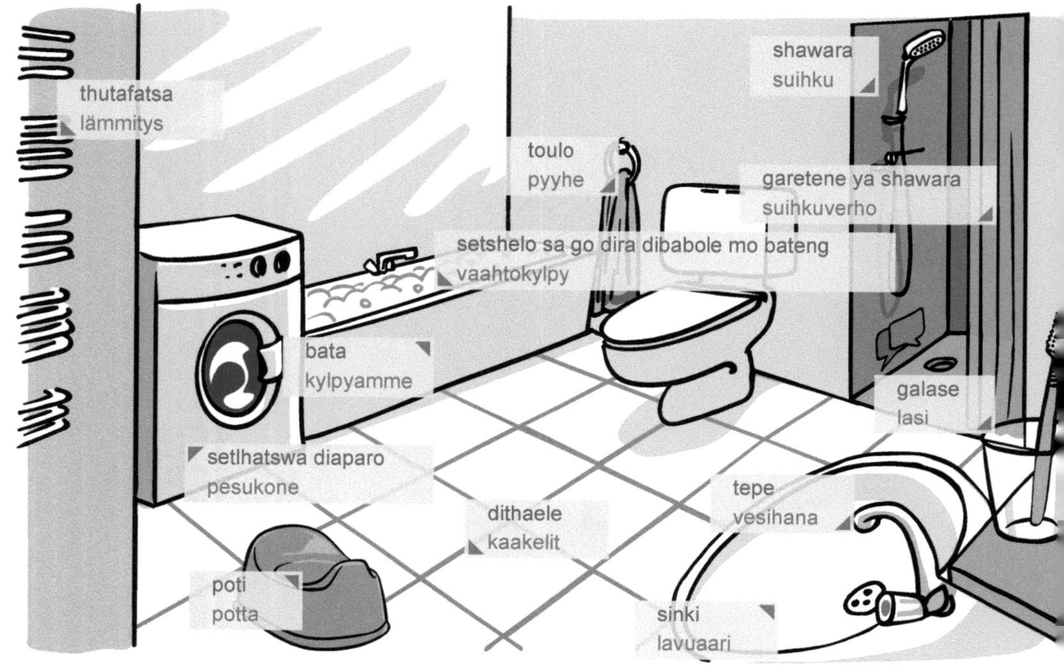
thutafatsa
lämmitys
shawara
suihku
toulo
pyyhe
garetene ya shawara
suihkuverho
setshelo sa go dira dibabole mo bateng
vaahtokylpy
bata
kylpyamme
galase
lasi
setlhatswa diaparo
pesukone
tepe
vesihana
dithaele
kaakelit
poti
potta
sinki
lavuaari

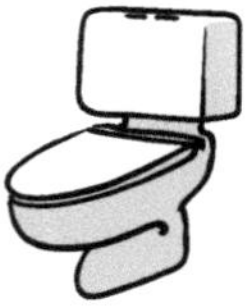
ntlwana
vessa

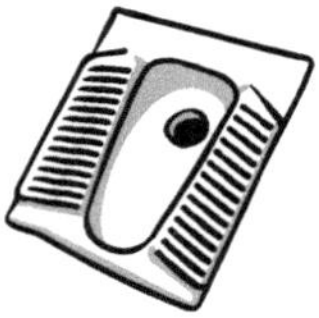
ntlwana ya go kotama
kyykkyvessa

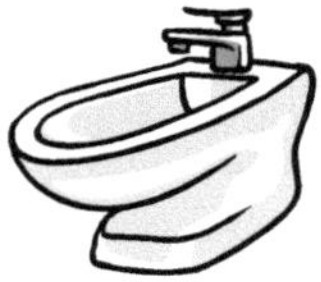
bidete
bidee

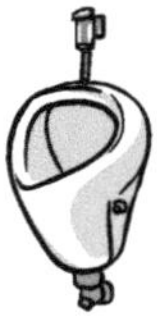
moroto
pisuaari

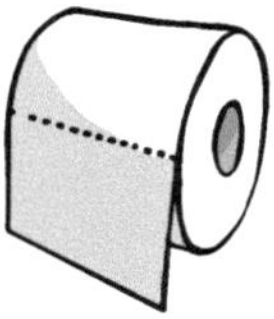
pampiri ya boithomelo
vessapaperi

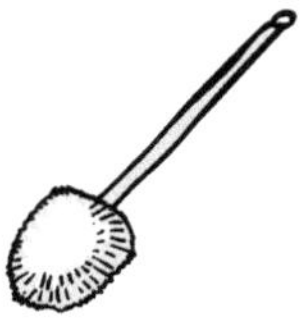
boratšhe jwa ntlwana
vessaharja

boratšhe jwa meno

hammasharja

sesepa sa meno

hammastahna

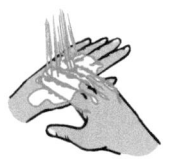

tlhale ya go phepafatsa meno

hammaslanka

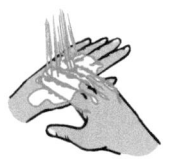

tlhatswa

pestä

shawara ya go itshwarela

käsisuihku

senkgisa monate

intiimisuihku

beisini

pesuvati

boratšhe jwa mokwatla

selkäharja

sesepa

saippua

jele ya shawara

suihkugeeli

setlhapisa moriri

shampoo

folanele

pesulappu

mosele

viemäri

setlolo

voide

senkgamonate

deodorantti

seipone

peili

seipone sa go itshwarela

käsipeili

legare

partaveitsi

foumu ya go ntsha moriri

partavaahto

foumu ya fa o fetsa go ntsha moriri

partavesi

kama

kampa

boratšhe

harja

seomisa moriri

hiustenkuivaaja

seporei sa moriri

hiuslakka

seitlole sa sefatlhego

meikki

setlolo sa molomo

huulipuna

pente ya dinala

kynsilakka

boboa

pumpuli

sekere sa dinala

kynsisakset

leokwane le le nkgang monate

hajuvesi

kgetsana ya go tlhatswa

kosmetiikkalaukku

setulo

jakkara

sekale sa go lekanya

vaaka

seaparo sa botlhapelo

kylpytakki

ditlelafo tsa rekere

kumihansikkaat

tempone

tamponi

sedirisiwa sa basadi ba ba
mo kgweding

terveysside

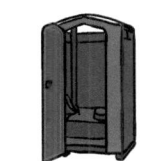

ntlwana ya khemikhale

kemiallinen wc

phaposi ya bana

lastenhuone

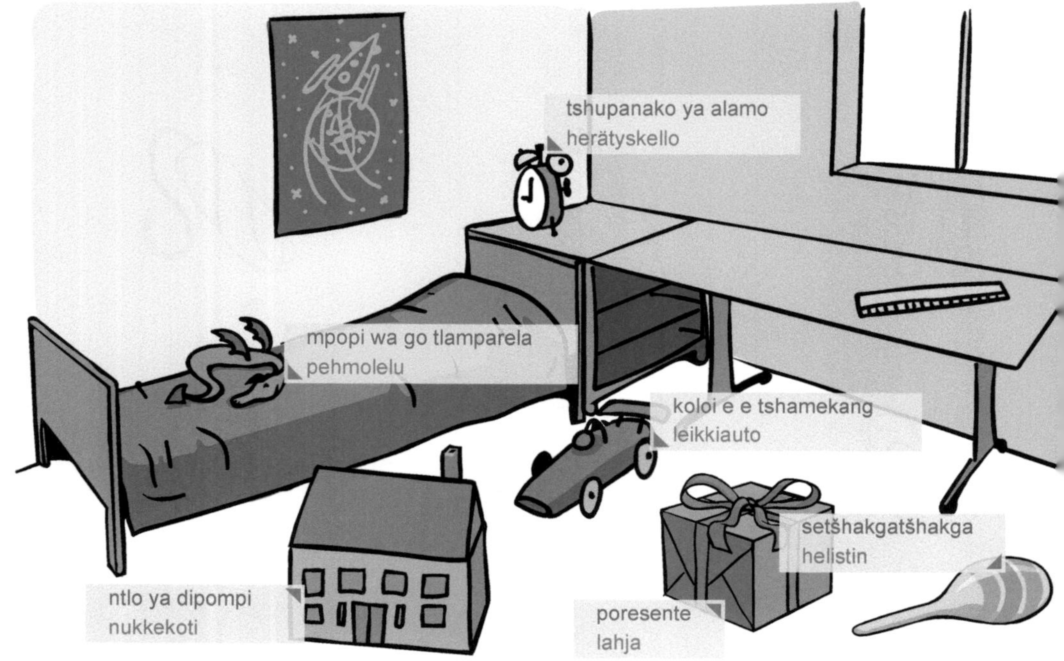

tshupanako ya alamo
herätyskello
mpopi wa go tlamparela
pehmolelu
koloi e e tshamekang
leikkiauto
setšhakgatšhakga
helistin
ntlo ya dipompi
nukkekoti
poresente
lahja

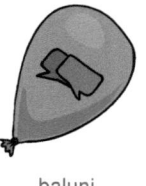

baluni

ilmapallo

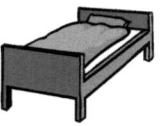

bolao

sänky

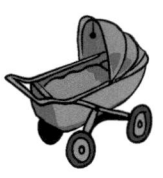

porema

lastenvaunut

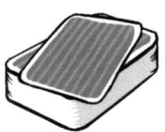

deck of cards

korttipeli

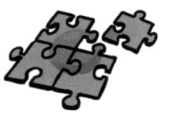

saga ya motlakase

palapeli

SUPER
MEGA

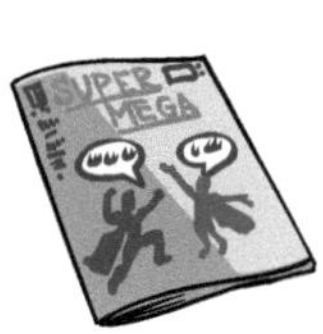

buka ya ditshegisi

sarjakuva

matlapa a go tshameka

legopalikat

diboloko tse di tshamekang

rakεnnuspalikat

setshwantsho sa mctho

supersankari

seaparo sa lesea

potkupuku

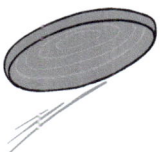

Frisbee

frisbee

selo sa go letsa mmino mo ditsebeng

mobile

motshameko wa boroto

lautapeli

daese

noppa

terena

pienoisjunarata

tami

tutti

moletlo

juhlat

buka ya ditshwantsho

kuvakirja

bolo

pallo

mpopi

nukke

tshameka

leikkiä

lebala le le naleng santa

hiekkalaatikko

moswinki

keinu

ditshamekisi tsa bana

lelut

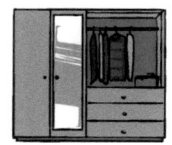

motshameko wa dibidio

pelikonsoli

baesekele ya maotwana a a mararo

kolmipyörä

bera e e diretsweng go tshamekisa bana

nalle

raka ya go baya diaparo

vaatekaappi

seaparo

vaatteet

dikausu

sukat

dikausu tsa basadi

nylonsukat

dithaetse

sukkahousut

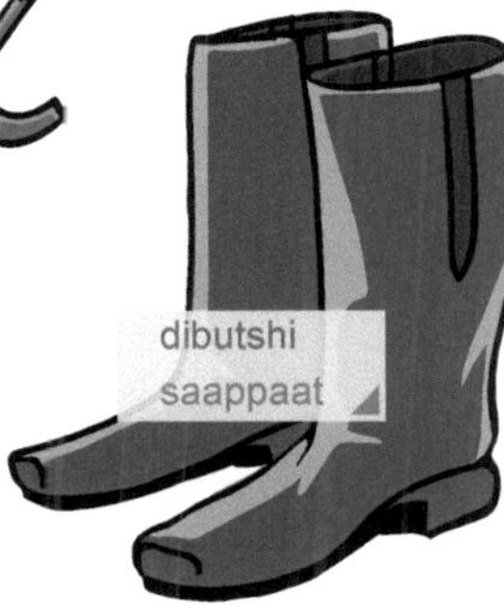

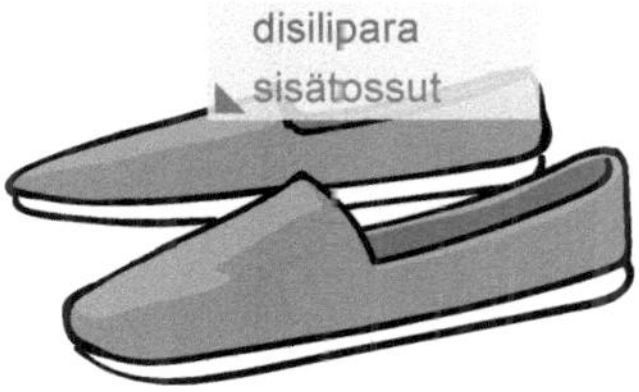

sekhafo
kaulaliina

sekhukhu
sateenvarjo

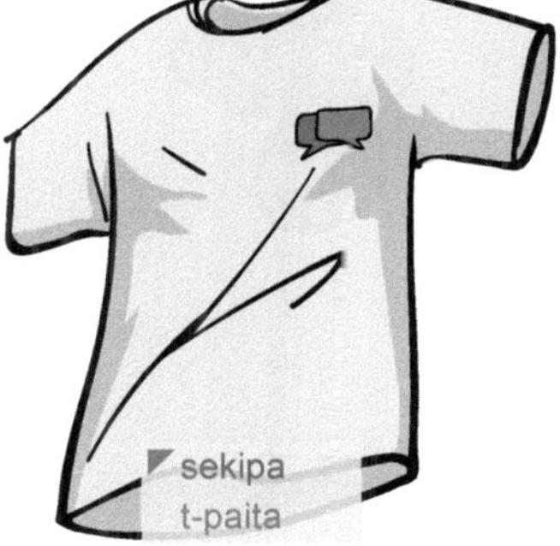

lebante
vyö

sekipa
t-paita

disilipara
sisätossut

dibutshi
saappaat

diteki
lenkkarit

dimphatšhane
....
sandaalit

ditlhako
....
kengät

dibutshi tsa rekere
....
kumisaappaat

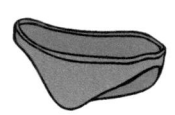

borukgwe jwa kwateng
....
alushousut

boraa
....
rintaliivit

besetə
....
aluspaita

seaparo - vaatteet   45

mmele
body

borukgwe
housut

bokate
farkut

sekete
hame

bolaose
pusero

hempe
paita

jeresi e e senang matsogo
villapaita

jakete e e enaleng hutshe
collegepaita

boleisara
jakku

jakete
takki

jase
takki

jase ya pula
sadetakki

khosetjhumo
puku

mosese
mekko

mosese wa lenyalo
hääpuku

sutu
puku

seaparo sa bosigo
yöpaita

diaparo tsa go robala
pyjama

sari
shari

sekhafa sa tlhogo
päähuivi

turban
turbaani

burqa
burka

kaftan
kaftaani

abaya
abaya

seaparo sa go thuma
uimapuku

diteranka
uimahousut

borukgwe jo bo khutshwane
shortsit

terekesutu
verkkarit

seaparc sa go phephafatsa
esiliina

ditlelafo
käsineet

talama

nappi

diborele

silmälasit

sebaga

rannekoru

sebaga sa mo thamong

kaulakoru

palamonwana

sormus

lengena

korvakoru

kepisi

lippalakki

sepega baki

ripustin

hutshe

hattu

tae

solmio

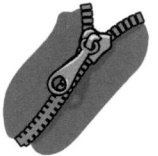

zepe

vetoketju

hutshe ya sethuthuthu

kypärä

ditrata tsa meno

henkselit

diaparo tsa sekolo

koulupuku

diaparo tsa mmereko /
diaparo tsa sekolo

univormu

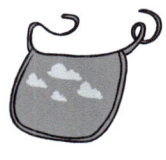

bebe

ruokalappu

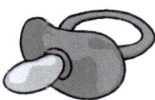

tami

tutti

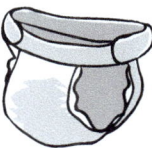

mongato

vaippa

kantoro
toimisto

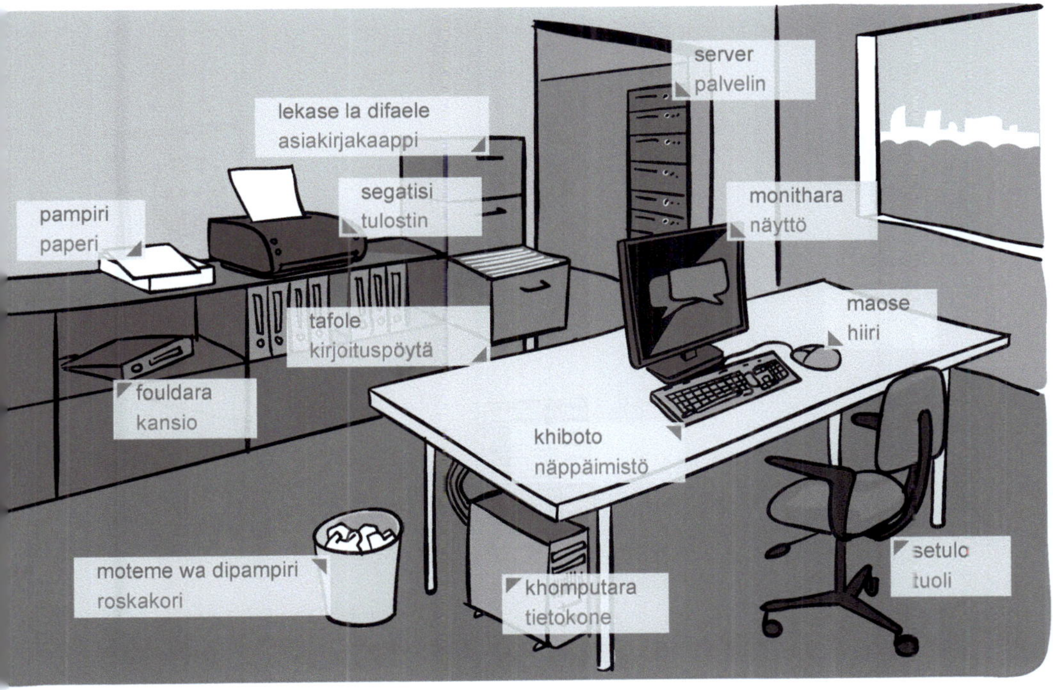
server
palvelin
lekase la difaele
asiakirjakaappi
segatisi
tulostin
pampiri
paperi
monithara
näyttö
maose
hiiri
tafole
kirjoituspöytä
fouldara
kansio
khiboto
näppäimistö
moteme wa dipampiri
roskakori
khomputara
tietokone
setulo
tuoli

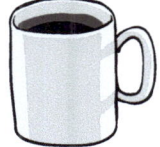

kopi

kahvimuki

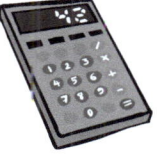

khalkhuleitara

taskulaskin

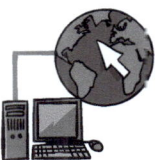

inthanete

internet

lapothopo

kannettava tietokone

lekwalo

kirje

molaetsa

viesti

mogala wa letheka

kännykkä

kgolagano ya megala

verkko

segatisa dipampiri

kopiokone

software

ohjelmisto

mogala

puhelin

sokete ya polaka

pistorasia

motšhini wa fekese

faksi

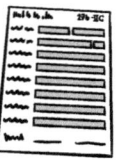

foromo

lomake

setlankana

asiakirja

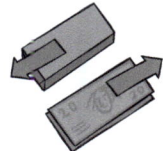

reka
ostaa

patela
maksaa

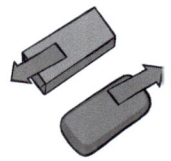

rekisa
vaihtaa

madi / tšhelete
raha

dolara
dollari

euro
euro

yen
jeni

roubele
rupla

swiss franc
frangi

renminbi yuan
renminbi juan

rupee
rupia

lefelo la madi
pankkiautomaatti

kantoro ya go fetola madi

rahanvaihto

gauta

kulta

selefera

hopea

oli

öljy

maatla

energia

tlhwatlhwa

hinta

konteraka

sopimus

lekgetho

vero

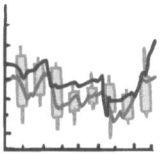

setoko

osake

dira

työskennellä

mothapiwa

työntekijä

mothapi

työnantaja

bodirelo

tehdas

lebenkele

liike

maemo
ammatit

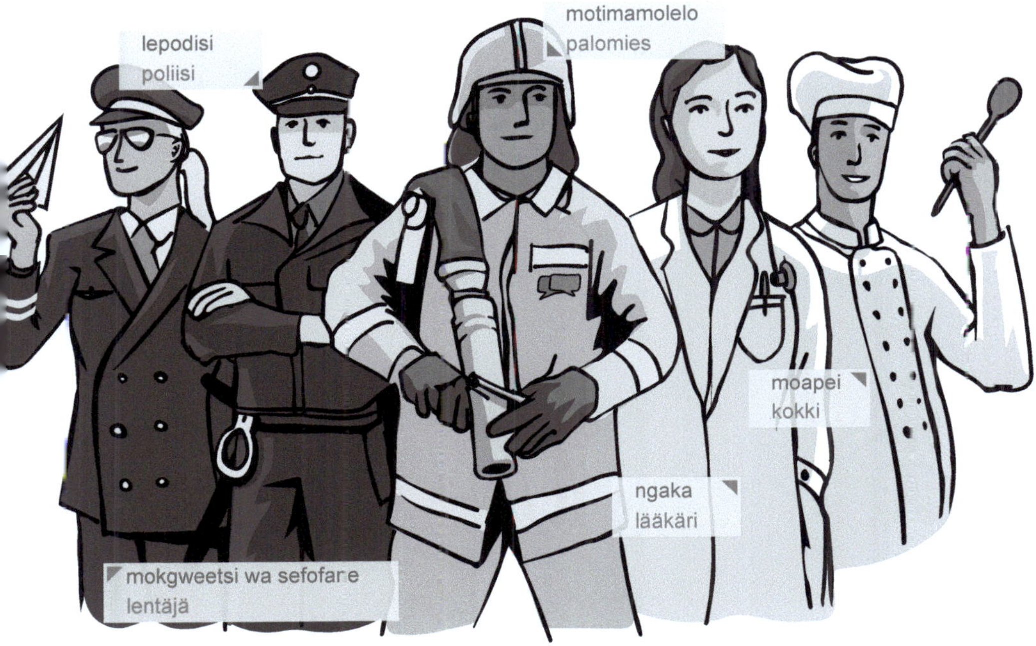
lepodisi
poliisi
motimamolelo
palomies
moapei
kokki
ngaka
lääkäri
mokgweetsi wa sefofane
lentäjä

ratshingwana

puutarhuri

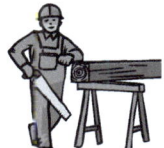

mmetli wa dikgong

puuseppä

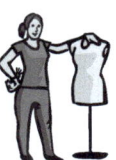

moroki

ompelija

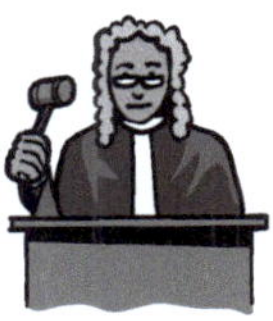

moatlhodi

tuomari

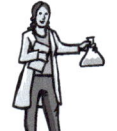

moitse wa melemo

kemisti

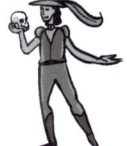

modiragatsi

näyttelijä

mokgweetsi wa bese

linja-autonkuljettaja

mokgweetsi wa tekisi

taksinkuljettaja

motshwari wa ditlhapi

kalastaja

Mme yo o phepafatsang

siivooja

moruledi

katontekijä

weitara

tarjoilija

motsumi

metsästäjä

motaki

maalari

mmesi wa senkgwe

leipuri

ramotlakase

sähköasentaja

moagi

rakentaja

moenjenere

insinööri

mosegi wa nama

teurastaja

motsenyi wa diphaepe tsa
metsi

putkiasentaja

motsamaisa poso

postinjakaja

leshole

sotilas

modiri wa dipolane

arkkitehti

morekisi

kassanhoitaja

morekisi wa malomo

floristi

mokgabisamoriri

kampaaja

kondactara

konduktööri

mokheneke

mekaanikko

mokapeteine

kapteeni

ngaka ya meno

hammaslääkäri

Rasaense

tiedemies

moruti

rabbi

imam

imaami

moitlami

munkki

moruti

pappi

didiriswa
työkalut

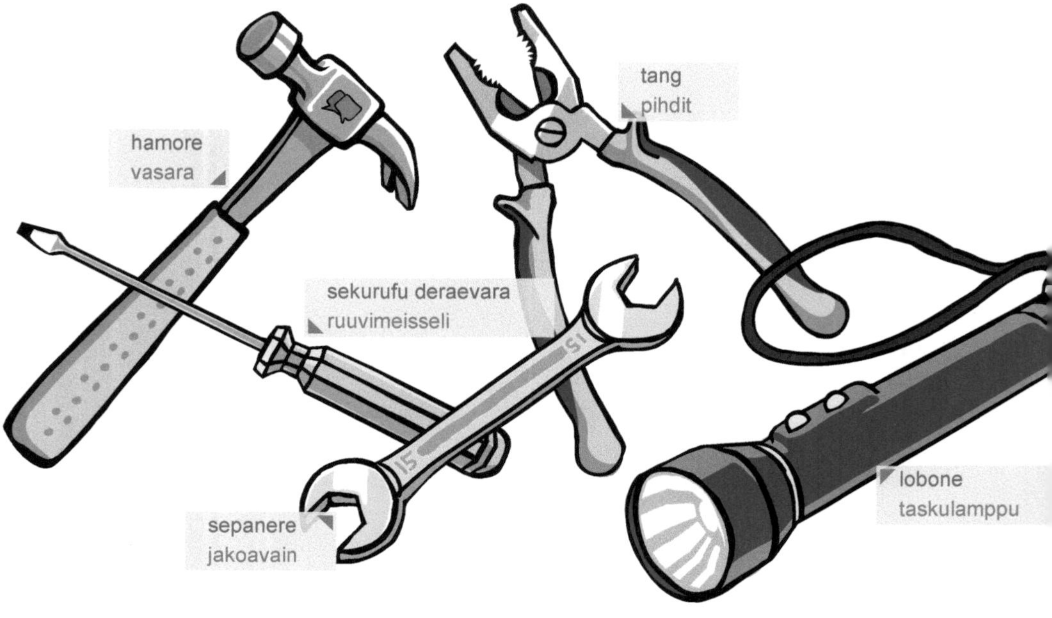

tang
pihdit
hamore
vasara
sekurufu deraevara
ruuvimeisseli
lobone
taskulamppu
sepanere
jakoavain

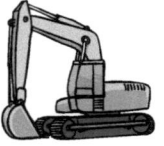

moepi

kaivinkone

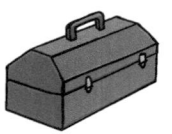

bokoso ya didirisiwa

työkalupakki

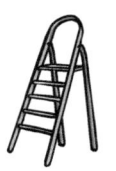

lere

tikkaat

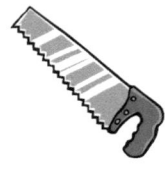

saga

saha

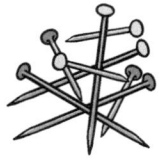

dipekere

naulat

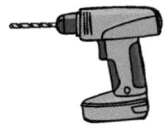

sebori

pora

baakanya
korjata

garawe
lapio

ijaa!
Hitto!

seolela matlakala
rikkalapio

pitsa ya pente
maalipurkki

sekurufu
ruuvit

didirisiwa tsa mmino
soittimet

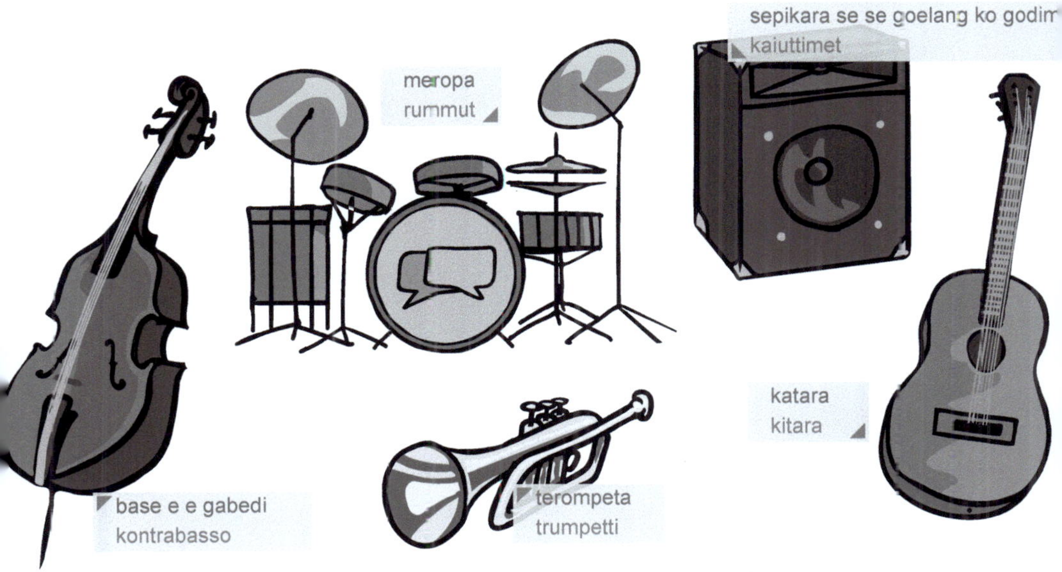

sepikara se se goelang ko godim
kaiuttimet

meropa
rummut

base e e gabedi
kontrabasso

terompeta
trumpetti

katara
kitara

piano
piano

bayolini
viulu

base
basso

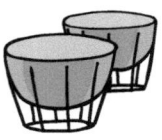

timpane
patarummut

meropa
rumpu

khiboto
kosketinsoitin

sekesofone
saksofoni

phala
huilu

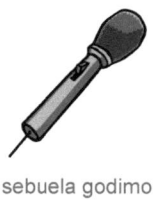

sebuela godimo
mikrofoni

lefelo la go bonela diphologolo

eläintarha

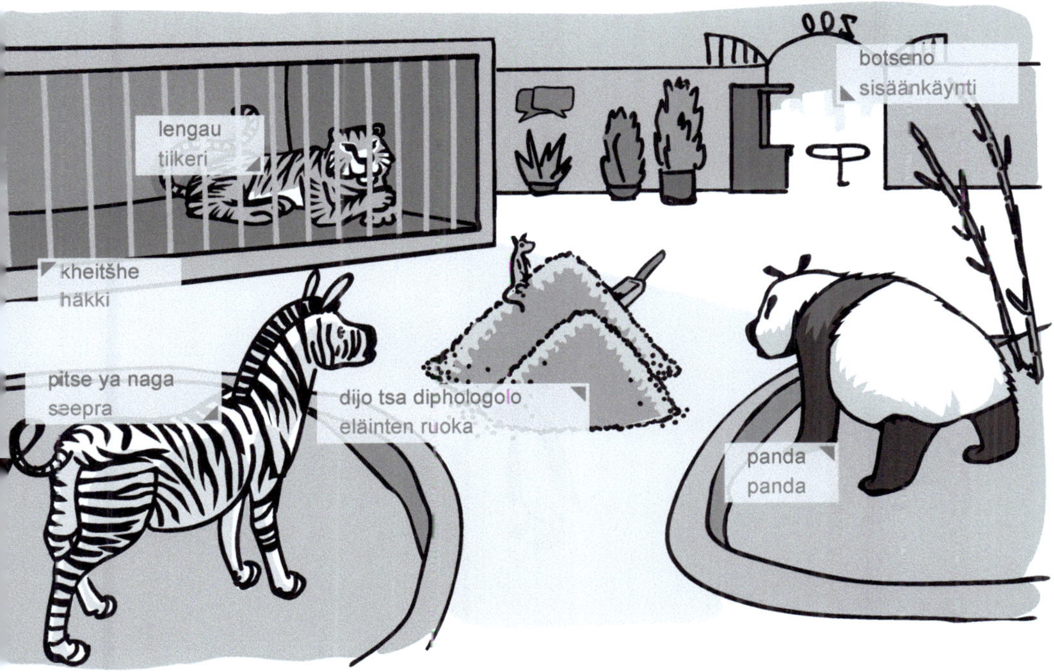
botseno
sisäänkäynti
lengau
tiikeri
kheitšhe
häkki
pitse ya naga
seepra
dijo tsa diphologolo
eläinten ruoka
panda
panda

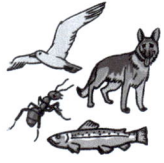

diphologolo

eläimet

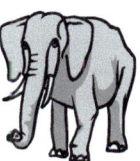

tlou

norsu

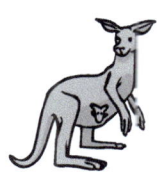

dikhankaruu

kenguru

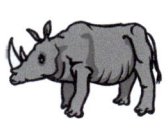

tshukudu

sarvikuono

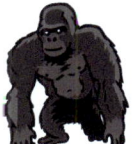

tshweni

gorilla

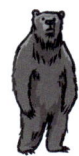

bera

karhu

kamela

kameli

kalakune

strutsi

tau

leijona

tshwene

apina

flamingo

flamingo

papalagae

papukaija

bera e e dulang ko lefelong
le le tsididi thata

jääkarhu

nonyane tsa lewatle

pingviini

leruarua

hai

phikoko

riikinkukko

noga

käärme

kwena

krokotiili

motlhokomedi wa
diphologolo

eläintarhanhoitaja

sili

hylje

katse

jaguaari

petsana

poni

lengau

leopardi

tshukudu

virtahepo

thutlwa

kirahvi

ntsu

kotka

dikolobe tsa naga

villisika

tlhapi

kala

khudu

kilpikonna

walrus

mursu

ntja ya naga

kettu

tshephe

gaselli

lefelo la go bonela diphologolo - eläintarha

kgwele ya dinao ya Amerika
amerikkalainen jalkapallo

motshameko wa baesekele
pyöräily

tenese
tennis

baseketebolo
koripallo

thuma
uinti

hockey ya mo aeseng
jääkiekko

motshameko wa go lwa ka diatla
nyrkkeily

kgwele ya dinao
jalkapallo

badminthone
sulkapallo

atletiki
yleisurheilu

kgwele ya diatla
käsipallo

skiing
hiihto

polo
poolo

didirwa
aktiviteetit

tshega
nauraa
tlola
hypätä
tlamparela
halata
tsamaya
kävellä
opela
laulaa
lora
unelmoida
rapela
rukoilla
atla
suudella

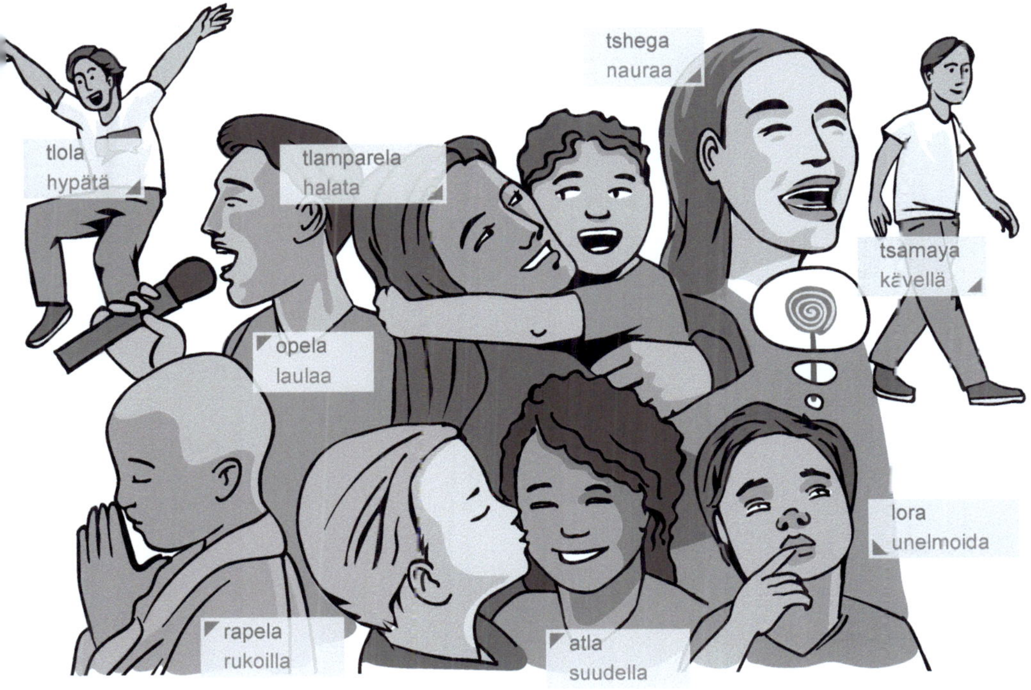

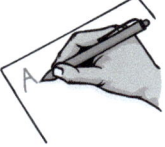

kwala

kirjoittaa

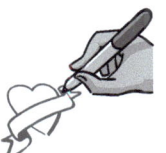

torowa

piirtää

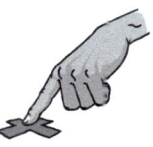

bontsha

näyttää

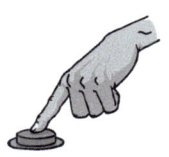

kgorometsa

painaa

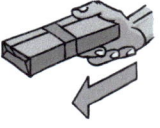

naya

antaa

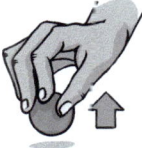

tsaya

ottaa

go nna

omistaa

dira

tehdä

nna

olla

ema

seisoa

taboga

juosta

goga

vetää

latlha

heittää

wa

kaatua

maaka

maata

ema

odottaa

tsholetsa

kantaa

dula

istua

apara

pukeutua

robala

nukkua

tsoga

herätä

leba
katsoa

lela
itkeä

thuma ka lemoraꝫo
silittää

kama
kammata

bua
puhua

tlhaloganya
ymmärtää

botsa
kysyä

reetsa
kuunnella

nwa
juoda

ja
syödä

phepafatsa
siivota

lorato
rakastaa

apaya
keittää

kgweetsa
ajaa

fofa
lentää

seila

purjehtia

khalkhuleitara

laskea

bala

lukea

ithute

oppia

dira

työskennellä

nyala

mennä naimisiin

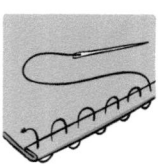

roka

ommella

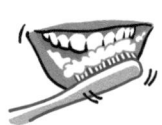

tlhapa meno

pestä hampaat

bolaya

tappaa

tsuba

tupakoida

romela

lähettää

mmemogolo
mummo

rremogolo
ukki

rre
isä

mme
äiti

ngwana
vauva

morwadi
tytär

morwa
poika

moeng

vieras

mmangwane

täti

malome

setä

abuti

veli

ausi

sisko

mmele
vartalo

phatlha
otsa
leitlho
silmä
legetla
olkapää
monwana
sormet
sefatlhego
kasvot
seledu
leuka
seatla
käsi
letsele
rinta
leoto
jalka
letsogo
käsivarsi

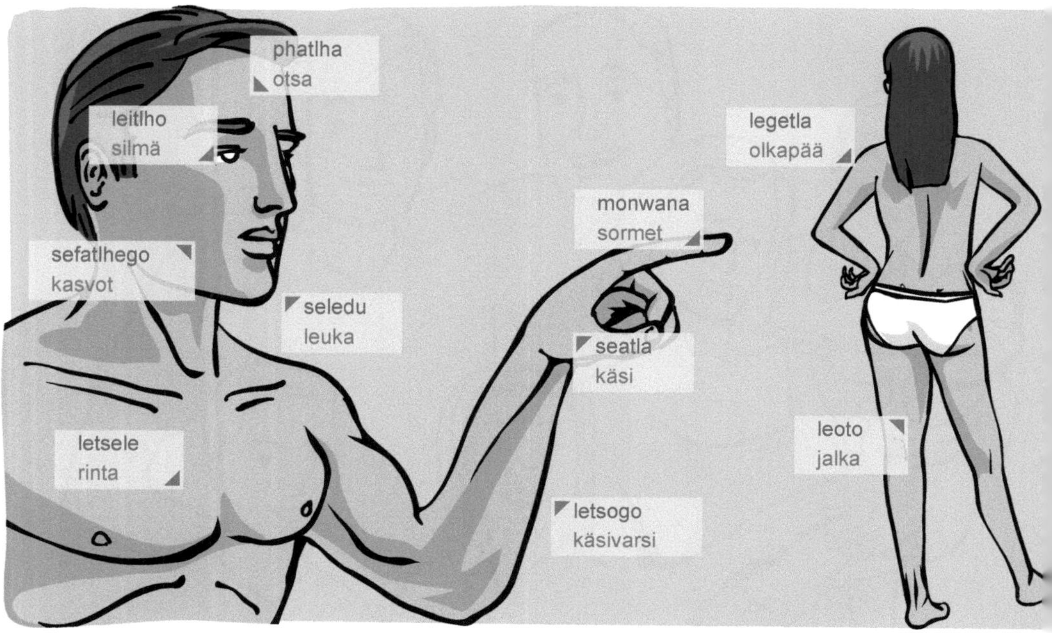

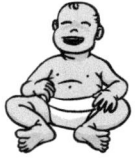

ngwana
vauva

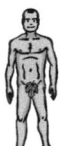

monna
mies

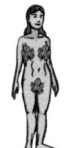

mosadi
nainen

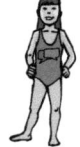

mosetsana
tyttö

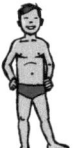

mosimane
poika

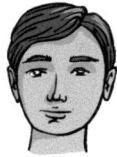

tlhogo
pää

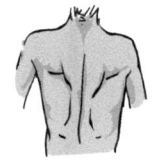

mokwatla

selkä

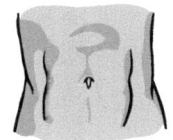

mpa

maha

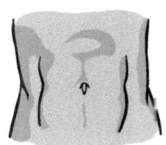

khubu

napa

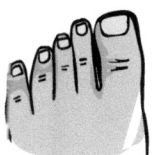

monwana

varvas

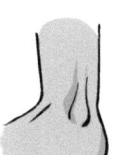

serethe

kantapää

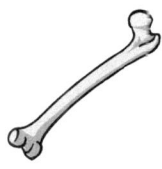

lerapo

luu

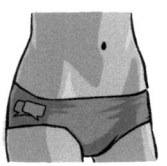

letheka

lantio

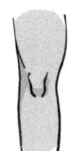

lengole

polvi

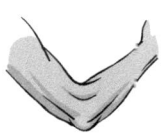

sekgono

kyynärpää

nko

nenä

ko tlase

takapuoli

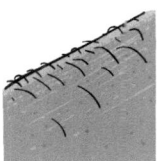

letlalo

iho

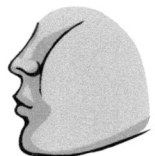

lerama

poski

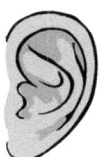

tsebe

korva

pounama

huuli

mmele - vartalo

molomo

suu

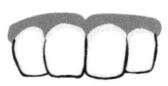

leino

hammas

loleme

kieli

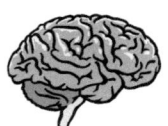

boboko

aivot

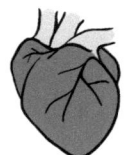

pelo

sydän

maatla

lihas

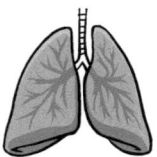

lekgwafo

keuhkot

sebete

maksa

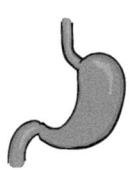

mala

vatsa

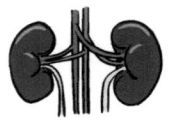

diphio

munuaiset

bong

seksi

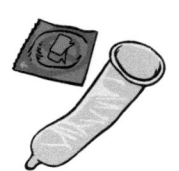

mosomelwana

kondomi

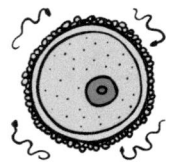

sebelegi sa ngwana

munasolu

semen

sperma

moimana

raskaus

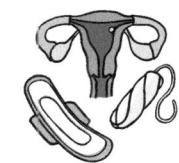

inako tsa go tla ka kgwedi
tsa basadi
....
kuukautiset

serwe sa mosadi
....
vagina

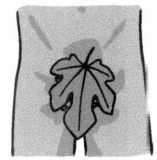

serwe sa monna
....
penis

dintshi
....
kulmakarvat

moriri
....
hiukset

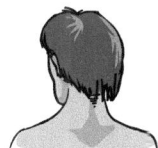

thamo
....
niska

sepetlele
sairaala

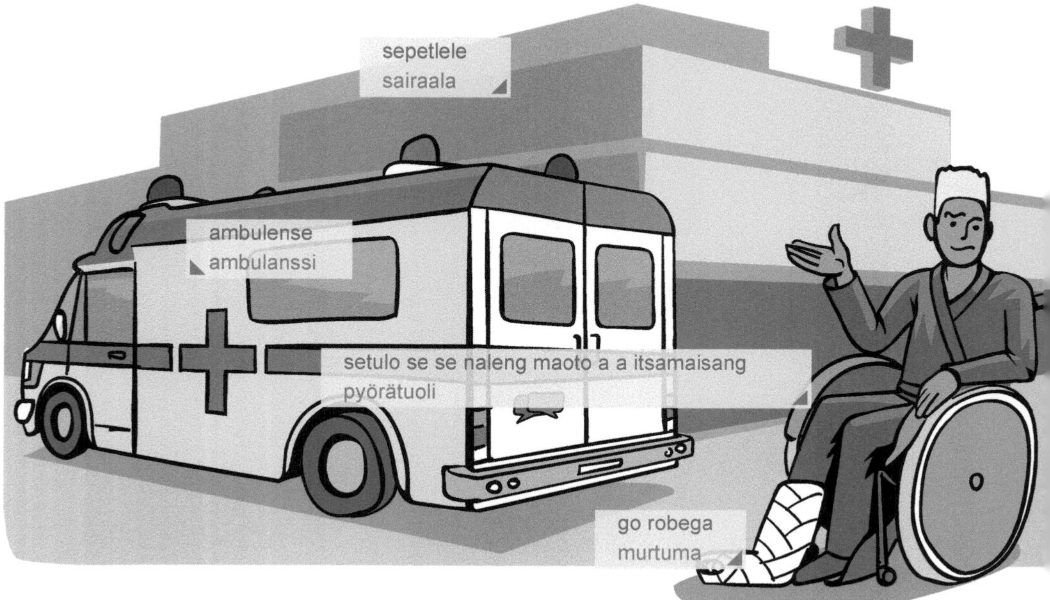

sepetlele
sairaala
ambulense
ambulanssi
setulo se se naleng maoto a a itsamaisang
pyörätuoli
go robega
murtuma

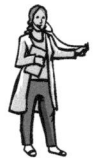

ngaka
lääkäri

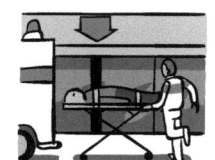

phaphosi ya tshoganyetso
ensiapu

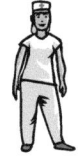

mooki
sairaanhoitaja

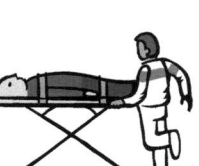

tshoganyetso
hätätilanne

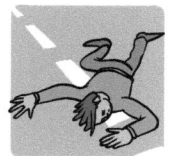

idibala
tajuton

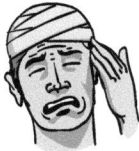

setlhabi
kipu

kgobalo

vamma

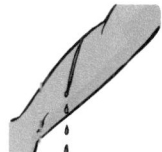

go dutla madi

verenvuoto

tlhaselo ya pelo

sydänkohtaus

setorouko

aivoinfarkti

bolwetsi

allergia

go gotlhola

yskä

fulu

kuume

fulu

flunssa

letshololo

ripuli

opiwa ke tlhogo

päänsärky

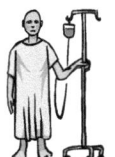

kankere

syöpä

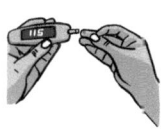

sukiri ya mme e

diabetes

moari

kirurgi

sekalepele

veitsi

karo

leikkaus

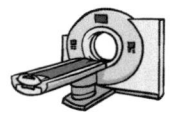

CT

ct

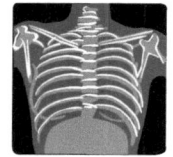

x-ray

röntgen

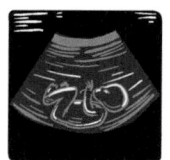

motšhini wa go leba mo mpeng

ultraääni

sesira sefatlhego

maski

twatsi

sairaus

phaposi boletelo

odotushuone

dithobane

sauva

polasetara

laastari

sefapho

side

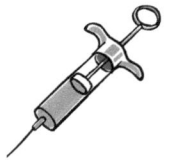

lemao

pistos

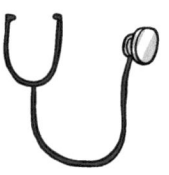

setetosekoupu

stetoskooppi

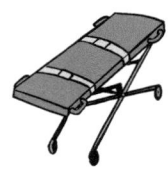

seteretšhara

paarit

themometara ya bongaka

kuumemittari

pelegi

syntymä

bokima jwa mmele

ylipaino

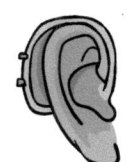

sedirisiwa sa go thusa go utlwa
kuulolaite

ses reletsa dintho
desinfiointiaine

tshwaetso
infektio

mogare
virus

HIV / AIDS
HIV / AIDS

melemo
lääke

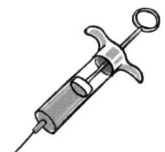

mokento
rokotus

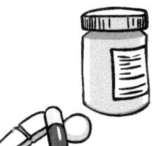

thabolete
tabletit

pilisi
pilleri

mogala wa tshoganyetso
hätäpuhelu

motšhini wa go ela tlhoko kgatelelo ya madi
verenpainemittari

lwala / itekanetse
sairas / terve

Thusa!

Apua!

tshotlako

ryöstö

alamo

hälytys

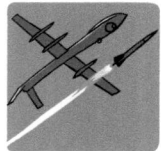

tlhasela

hyökkäys

kotsi

vaara

kgoro ya tshoganyetso

hätäuloskäynti

Molelo!

Tulipalo!

setima moleleo

palosammutin

kotsi

onnettomuus

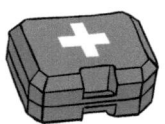

khiti ya go thusa ka
dikgobalo

ensiapulaukku

SOS

SOS

lepodisi

poliisilaitos

Yuropa

Eurooppa

Bokone jwa Amerika

Pohjois-Amerikka

Borwa jwa Amerika

Etelä-Amerikka

Aforika

Afrikka

Asia

Aasia

Australia

Australia

Atlantic

Atlantin valtameri

Pacific

Tyynimeri

Lewatle la India

Intian valtameri

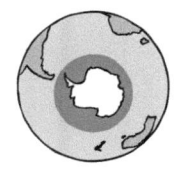

Lewatle la Antarctic

Eteläinen jäämeri

Lewatle la Arctic

Pohjoinen jäämeri

Bokone

pohjoisnapa

Borwa

etelänapa

Antartica

Antarktis

Lefatshe

maa

lefatshe

maa

lewatle

meri

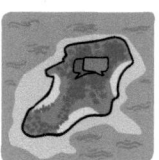

losi lwa lewatle

saari

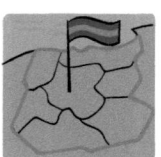

lotso

kansa

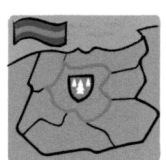

boemo

osavaltio

lentle la tshupanako

kellotaulu

lɛtsogo la ura

tuntiviisari

letsogo la metsotso

minuuttiviisari

letsogo la metsotswana

sekuntiviisari

ke nako mang?

Pa jonko kello on?

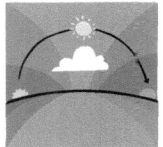

letsatsi

päivä

nako

aika

go ne jaanong

nyt

tshupanako ya diithale

digitaalikello

metsotso

minuutti

ura

tunti

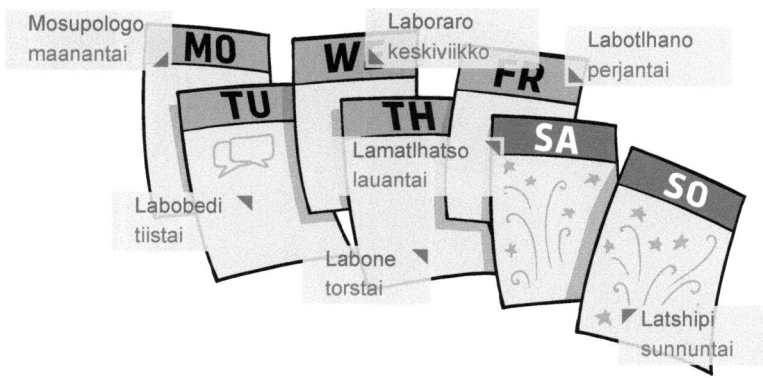

Mosupologo
maanantai **MO**

W Laboraro
keskiviikko

FR Labotlhano
perjantai

TU

TH

SA

Lamatlhatso
lauantai

Labobedi
tiistai

Labone
torstai

SO

Latshipi
sunnuntai

maabane
....
eilen

gompieno
....
tänään

kamoso
....
huomenna

moso
....
aamu

thapama
....
keskipäivä

maitseboa
....
ilta

malatsi a tiro
....
työpäivät

mafelo a beke
....
viikonloppu

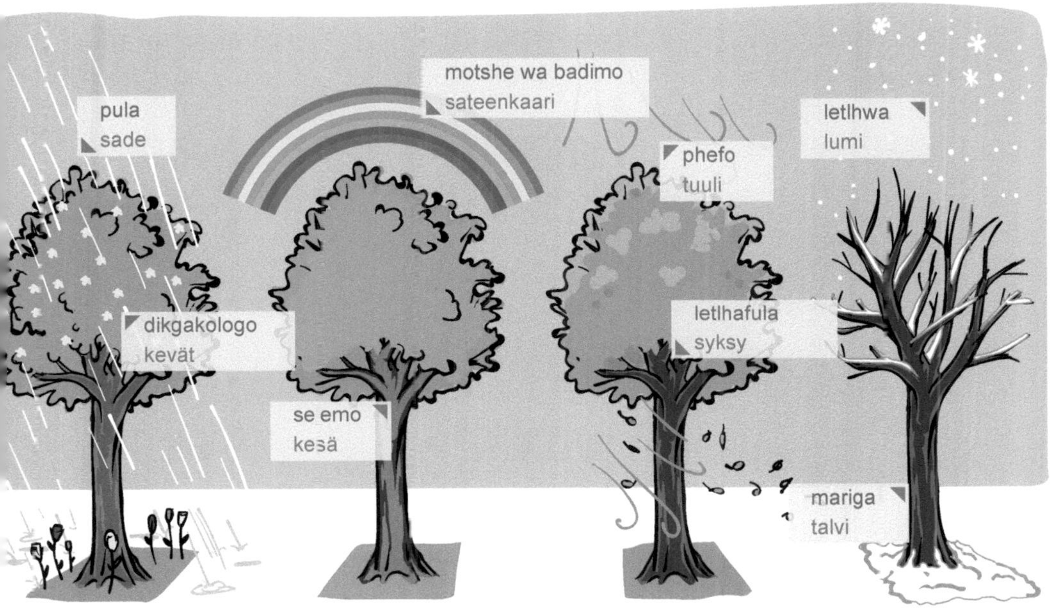

pula
sade

motshe wa badimo
sateenkaari

letlhwa
lumi

phefo
tuuli

dikgakologo
kevät

letlhafula
syksy

se emo
kesä

mariga
talvi

botsogo jwa loapi
sääennuste

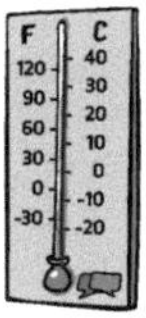

themomithara
lämpömittari

letsats.
auringonpaiste

leru
pilvi

mouwane
sumu

humidity
ilmankosteus

legadima
salama

modumo wa maru
ukkonen

matsubutsubu
myrsky

sefako
rae

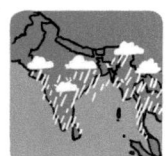

monsoon
monsuuni

morwalela
tulva

aese
jää

Ferikgong
tammikuu

Tlhakole
helmikuu

Mopitlwe
maaliskuu

Moranang
huhtikuu

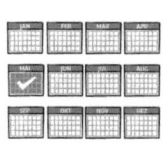

Motsheganong
toukokuu

Seetebosigo
kesäkuu

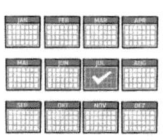

Phukwi
heinäkuu

Phatwe
elokuu

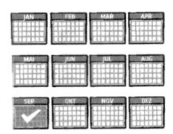

Lwetse
....
syyskuu

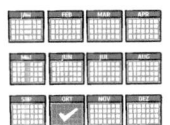

Diphalane
....
lokakuu

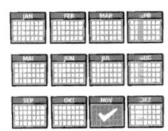

Ngwanaatsele
....
marraskuu

Sedimonthole
....
joulukuu

kgolokwe
....
ympyrä

khutlonne
....
neliö

khutlonnetsepa
....
suorakulm o

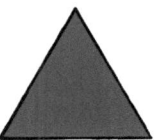

khutlotharo
....
kolmio

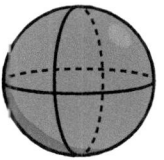

khutlo
....
pallo

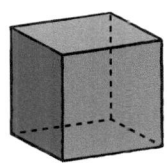

khiubu
....
kuutio

tshweu

valkoinen

serolwana

keltainen

mmala wa namune

oranssi

pinki

vaaleanpunainen

khibidu

punainen

bohibidu jo bo mokgona

violetti

pududu

sininen

tala

vihreä

tshetlha

ruskea

tshetlha

harmaa

ntsho

musta

ganetsa
vastakohdat

go le gontsi / go nnye

paljon / vähän

go kwata / go ritibala

vihainen / ystävällinen

montle / maswe

kaunis / ruma

tshimologo / bofelo

alku / loppu

tonna / nnyane

suuri / pieni

lesedi / lefifi

vaalea / tumma

abuti / ausi

veli / sisko

phepa / leswe

puhdas / likainen

feletse / go sa felela

täydellinen / epätäydellinen

motshegare / bosigo

päivä / yö

o sule / o a tshela

kuollut / elävä

bophara / tshesane

leveä / kapea

ya jega / ga e jege

syötävä / syömäkelvoton

bosula / molemo

paha / kiltti

go itumela thata / go se itumele

innostunut / tylsistynyt

nonne / tshesane

lihava / laiha

ntlha / bofelo

ensimmäinen / viimeinen

tsala / sera

ystävä / vihollinen

tletse / lolea

täysi / tyhjä

thata / bonolo

kova / pehmeä

bokete / motlhofo

painava / kevyt

tlala / lenyora

nälkä / jano

lwala / itekanetse

sairas / terve

dumelesega / dumeletswe

laiton / laillinen

botlhale / sematla

älykäs / tyhmä

molema / moja

vasen / oikea

gaufi / kgakala

lähellä / kaukana

sesha / ya kgale

uusi / käytetty

sepe / sengwe

ei mitään / jotain

mogolo / mosha

vanha / nucri

tsenya / tima

päällä / pois päältä

bula / tswetswe

auki / kiinni

tidimalo / modumo

hiljainen / äänekäs

khumo / lehuma

rikas / köyhä

siame / phoso

oikein / väärin

ditlhotlhori / borethe

karhea / sileä

hutsafetse / itumetse

surullinen / iloinen

khutshwane / telele

lyhyt / pitkä

bonya / bonako

hidas / ropea

metsi / omile

märkä / kuiva

mololo / tsididi

lämmin / viileä

ntwa / kagiso

sota / rauha

0

lefela

nolla

1

nngwe

yksi

2

pedi

kaksi

3

tharo

kolme

4

nne

neljä

5

tlhano

viisi

6

thataro

kuusi

7

supa

seitsemän

8

robedi

kahdeksan

9

robonngwe

yhdeksän

10

lesome

kymmenen

11

some nngwe

yksitoista

12

some pedi

kaksitoista

13

some tharo

kolmetoista

14

some nne

neljätoista

15

some tlhano

viisitoista

16

some thataro

kuusitoista

17

some supa

seitsemäntoista

18

some robedi

kahdeksantoista

19

some robonngwe

yhdeksäntoista

20

masomamabedi

kaksikymmentä

100

lekgolo

sata

1.000

sekete

tuhat

1.000.000

milione

miljoona

Sejatlhapi

englanti

Sejatlhapi sa Amerika

amerikanenglanti

se-China

mandariinikiina

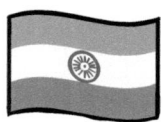

se-Hindi

hindi

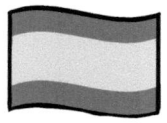

se-Spanish

espanja

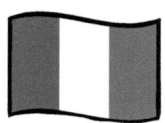

se-For a

ranska

se-Araba

arabia

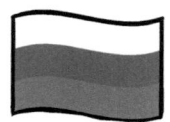

se-Russia

venäjä

se-Potokisi

portugali

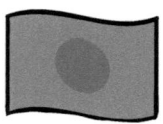

se-Bengali

bengali

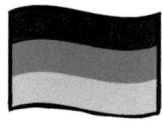

se-Jeremane

saksa

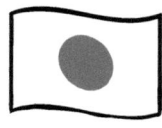

se-Japane

japani

Nna
....
minä

wena
....
sinä

ene / ene / sone
....
hän

re
....
me

wena
....
te

bone
....
he

mang?
....
kuka?

eng?
....
mitä / mikä?

jang?
....
miter?

kae?
....
missä?

leng?
....
milloin?

leina
....
nimi

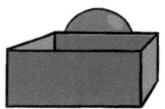

mo morago

takana

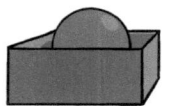

mo

sisällä

fa pele ga

edessä

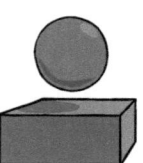

godimo

yläpuolella

mo

päällä

fa tlase

alapuolella

mo thoko

vieressä

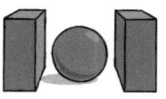

magareng

välissä

lefelo

paikka